diário do meu pet

© 2020 DISNEY ENTERPRISES, INC;
DIREITOS DE PUBLICAÇÃO NO BRASIL:
@ 2020 CULTURAMA

TODOS OS DIREITOS RESERVADOS

1ª EDIÇÃO
CULTURAMA EDITORA E DISTRIBUIDORA LTDA.
CNPJ: 05.691.820/0001-90
Rua Vico Costa, 54, Cidade Nova
Caxias do Sul - RS - 95112-095

www.culturama.com.br
sac@culturama.com.br
(54) 3027-3827

ISBN: 978-85-9472-732-9

DIREÇÃO GERAL
Fabio Hoffmann

COORDENAÇÃO DE PROJETOS
Juliana Corso Thomaz

EDIÇÃO
Naihobi Steinmetz Rodrigues

DIAGRAMAÇÃO E CRIAÇÃO
Vinícius Agliardi

REVISÃO
Daiane Maria Gaiardo

ASSESSORIA PEDAGÓGICA
Luciana Idiarte Soares Falkenbach

Impresso no Brasil

Sumário

Informações do pet 4

Alimentação 8

Saúde e higiene do pet 12

Álbum do pet 22

Comportamento do pet 30

Perfil do Pet

Informações básicas:

Nome do pet: ....

Escolhi esse nome porque ....
....

Espécie: ....

Raça: ....

Gênero: .... Data de aniversário: ...... / ...... /

Data de adoção: ...... / ...... / Cor: ....

Porte: ☐ Pequeno ☐ Médio ☐ Grande Peso: ....

Nome do responsável pelo pet: ....

Informações adicionais:
....
....

Curiosidades sobre o meu pet:
....
....
....

Diário do meu Pet

Cole aqui uma foto do seu pet.

Bem-vindo à família!

Informações do Pet 5

Preferências do meu Pet

Informações básicas:

Meu pet adora

O meu pet não gosta

Ele gosta de dormir no

Seus brinquedos favoritos são

Contatos de Veterinários

Nome: ....
Telefone: ....

Nome: ....
Telefone: ....

Nome: ....
Telefone: ....

Nome: ....
Telefone: ....

Nome: ....
Telefone: ....

Nome: ....
Telefone: ....

Informações do Pet

Alimentação

Alimentos preferidos do meu pet:

As rações que meu pet mais gosta são

O petisco que meu pet mais gosta é

O que meu pet não gosta de comer

Além da ração e dos petiscos, ele também gosta de comer

Regras de alimentação

Alimentos que meu pet pode comer:

....
....
....
....
....

Dica: Certos alimentos podem fazer parte da alimentação do seu pet. Porém, eles devem ser oferecidos de vez em quando. Alguns deles são: cenoura, melancia, brócolis e chuchu. Se sua intenção é adotar uma alimentação caseira, você deve solicitar orientação a um veterinário.

Alimentos que meu pet não pode comer:

....
....
....
....
....

Dica: Certos alimentos não são indicados para pets e podem prejudicar a saúde do seu bichinho. Alguns exemplos são: chocolate, abacate, nozes, cebola, alho e uva.

Primeiros meses

Nos primeiros meses, meu pet comia ....
....
....

Nesse período, tive que tomar os seguintes cuidados com sua alimentação ....
....
....

Com o tempo, ele passou a comer ....
....
....

A comida estava deliciosa!

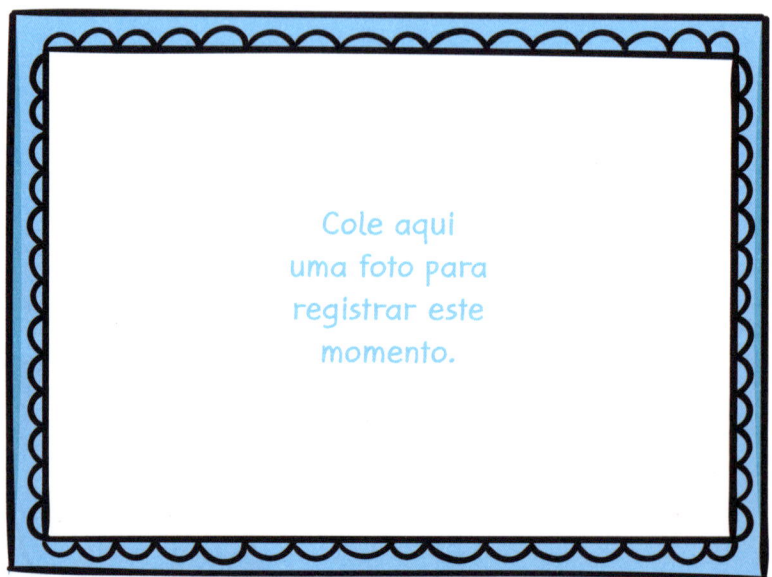

Cole aqui uma foto para registrar este momento.

Feito em Casa

Receitas de petiscos

Nome da receita	Ingredientes	Modo de preparo

Dica

Fale com o seu veterinário e peça algumas orientações sobre que petiscos você pode preparar em casa para o seu pet. Ele vai se deliciar!

Alimentação

Saúde e higiene

Primeira visita ao veterinário

A primeira visita ao veterinário foi no dia ....

Meu pet estava pesando .... e medindo ....

Diagnóstico e exames: ....
....
....

Medicações: ☐ Sim ☐ Não   Nome da medicação: ....

Dosagem: .... Periodicidade: ....

Cuidados especiais: ....

Custo: .... Data da próxima visita: ...../...../.....

Outras visitas

Data	Idade	Cuidados especiais	Veterinário	Custo	Próx. visita

Outras visitas

Data	Idade	Cuidados especiais	Veterinário	Custo	Próx. visita

Controle de Vacinação

Data	Idade	Tipo de vacina	Veterinário	Dose	Repetir em

Dica — É muito importante cuidar da saúde do seu bichinho. Anote aqui todas as vacinas dele para não esquecer de fazer nenhuma!

Diário do meu Pet

Data	Idade	Tipo de vacina	Veterinário	Dose	Repetir em

Dica — Você pode utilizar esse espaço para anotar as vacinas do seu pet. Mas lembre-se: é importante sempre ter a carteirinha de vacinação dele. Ela é um comprovante de que seu bichinho tem todas as vacinas necessárias.

Observações:

Saúde e higiene do Pet

Ficha Médica

Alergias

Meu pet é alérgico a ....
....
....
....

O que devo fazer e quais cuidados preciso tomar? ....
....
....
....

Caso a alergia apareça, meu veterinário disse que eu posso medicar o meu pet com ....
....
....
....

Vermífugos e antipulgas

Data	Tipo de produto	Marca do Produto	Peso	Próxima
	☐ Vermífugo ☐ Antipulgas			
	☐ Vermífugo ☐ Antipulgas			
	☐ Vermífugo ☐ Antipulgas			
	☐ Vermífugo ☐ Antipulgas			
	☐ Vermífugo ☐ Antipulgas			
	☐ Vermífugo ☐ Antipulgas			
	☐ Vermífugo ☐ Antipulgas			
	☐ Vermífugo ☐ Antipulgas			
	☐ Vermífugo ☐ Antipulgas			
	☐ Vermífugo ☐ Antipulgas			
	☐ Vermífugo ☐ Antipulgas			
	☐ Vermífugo ☐ Antipulgas			
	☐ Vermífugo ☐ Antipulgas			

Dica: Além das vacinas, alguns pets precisam se prevenir contra vermes e pulgas. Acima, você encontra um cronograma para controlar as doses.

Medicação

Controle de medicações:

Data	Medicação	Dosagem	Propósito	Próxima dosagem	Observação

Higiene e Beleza

Primeira visita a pet shop

A primeira visita a pet shop foi no dia ....

Idade do meu pet: .... Ele ☐ gostou. ☐ não gostou.

Porque ....

Serviços e procedimentos feitos: ....

....

....

....

Nome da Pet Shop: ....

Custo: ....

Cole uma foto deste momento especial.

Que lindo ele ficou!

Saúde e higiene do Pet

Data	Serviço ou procedimento	Nome da pet shop	Custo	Próximo agendamento

Diário do meu Pet

Data	Serviço ou procedimento	Nome da pet shop	Custo	Próximo agendamento

Observações:

Saúde e higiene do Pet

Álbum do Pet

O crescimento do meu pet

1º Mês

Peso:

2º Mês

Peso:

Álbum do Pet

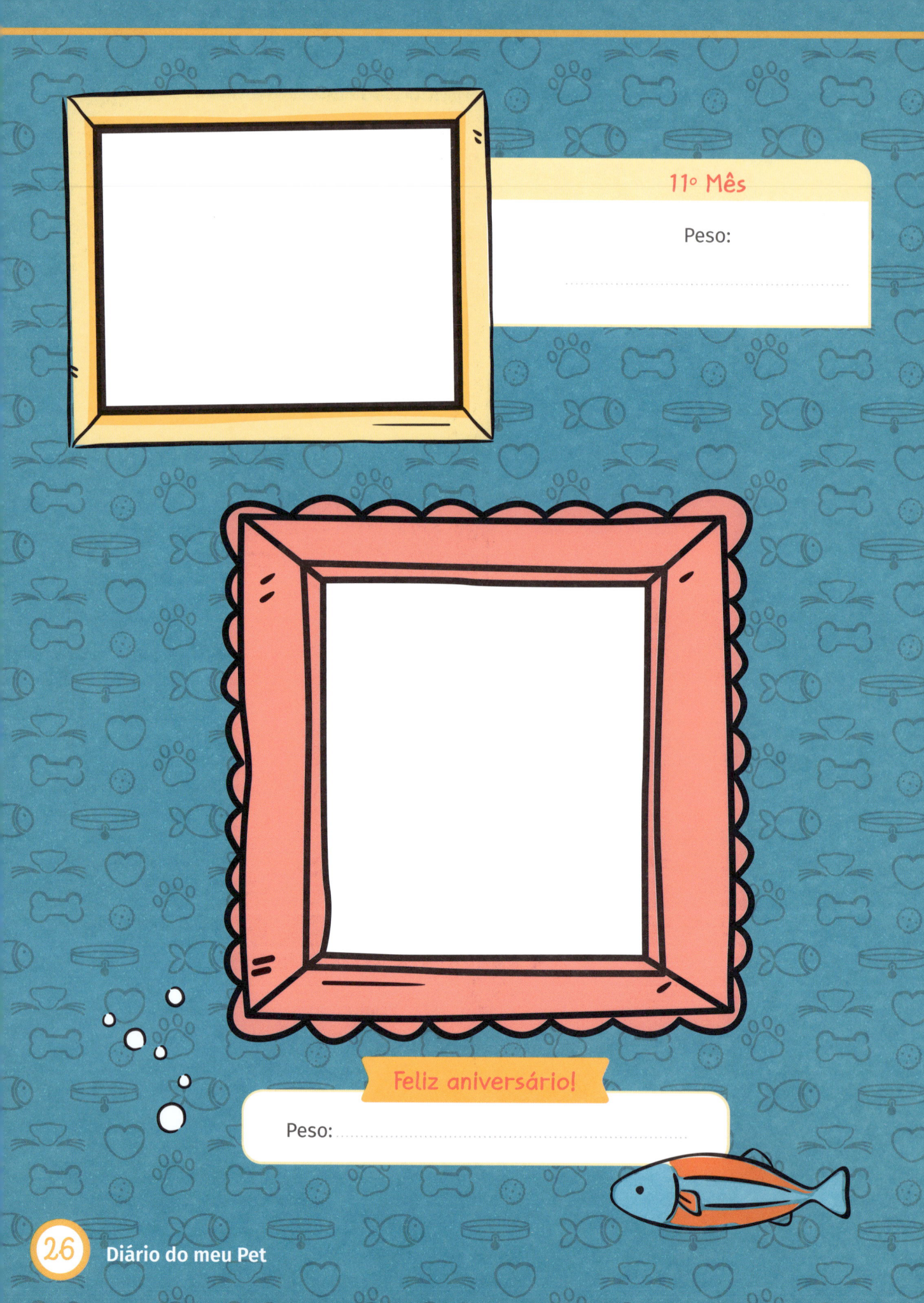

Momentos especiais

Melhores passeios

Data: ..../........../................

Onde fomos: ....
....

Data: ..../........../................

Onde fomos: ....
....

Data: ..../........../................

Onde fomos: ....
....

Álbum do Pet

Que bagunça!

Data: ..../........../..............

Data: ..../........../..............

Data: ..../........../..............

Lembranças especiais

Data: ..../........../..................

Data: ..../........../..................

Data: ..../........../..................

Álbum do Pet

Comportamento
do meu pet

Como meu pet se comporta:

O meu pet tem mania de ....
....
....
....

O maior susto que ele me deu foi quando ....
....
....
....

A maior travessura que ele fez foi ....
....
....
....

O lugar da casa que meu pet mais gosta é ....
....
....
....

Quando encontra outros bichinhos, meu pet fica ....
....
....
....

Sentimentos do meu pet

Como meu pet se sente:

Meu pet fica feliz quando ....

Meu pet fica triste quando ....

O que o deixa irritado ....

Meu pet tem medo de ....

Ele tem preguiça de ....

Curiosidades

Cães

Os cães são animais carinhosos e espertos. Eles têm algumas características parecidas com as dos seres humanos. Uma das mais curiosas é que eles sonham, assim como nós. Você pode notar que seu bichinho está sonhando, ou até mesmo tendo um pesadelo, quando, durante o sono, ele emite sons e tem reações musculares. Caso seu cão esteja muito agitado durante o sono, acorde-o gentilmente, mas sem tocá-lo. Chame-o com um tom suave e quando ele acordar espere um pouco para o acariciar.

Hamsters

Os hamsters são extremamente organizados. Sua casa (gaiola) tem espaços bem divididos. Eles determinam onde irão dormir, comer e se exercitar. Por isso, é importante manter a casa deles limpa, ou eles podem ficar estressados.

Passarinhos

Os passarinhos encantam a todos com sua beleza. Ao escolher um pássaro para ter em sua casa, você precisa ficar atento a alguns pontos. Um deles é a alimentação. Cada espécie exige um tipo de alimentação diferente, por isso, é bom se informar antes de escolher seu pássaro. Além da ração, as aves também podem se alimentar de frutas e vegetais como banana, cenoura, maçã e brócolis.

Peixe

Ter um peixinho em casa exige alguns cuidados. Um deles é com a alimentação do seu bichinho. Depois de escolher a ração correta para a espécie que você tem, é preciso ficar atento à quantidade de alimento oferecida. Quando a comida é dada em excesso, a parte que o peixe não comeu vai parar no fundo do aquário e se decompõe, prejudicando a saúde dele. Para saber a quantidade ideal, você pode fazer o seguinte teste: coloque um pouco de ração e veja se o peixe come tudo em até 30 segundos. Se ele comer, coloque mais um pouco. Vá repetindo até perceber que o peixe está deixando alguns grãos sobrando. Isso é sinal de que ele já está alimentado. Com o passar do tempo, você saberá a quantidade certa de ração que seu peixe precisa.

Gatos

Os gatos são animais independentes. Eles são bastante exigentes, e isso inclui a alimentação. Mas isso não é uma questão de personalidade, e sim de paladar. Os gatos conseguem sentir apenas alguns sabores, por isso, muitas vezes rejeitam certos alimentos que, para nós, podem parecer deliciosos. Além disso, um fato curioso é que os gatos não sentem os sabores doces.

Coelhos

Os coelhos são animais silenciosos e carinhosos. Seus dentes são sua principal característica. Você sabia que os dentes do coelho nunca param de crescer? Por isso, esse bichinho precisa ingerir alimentos que, além de nutri-lo, ajudem-no a gastar seus dentes para manter o crescimento sob controle. Além dos alimentos e rações específicas, existem brinquedos apropriados que podem ajudá-lo nisso.

Tartarugas

As tartarugas são silenciosas e tranquilas. Mas você sabia que, apesar de não parecer, elas também sentem frio? Quando as temperaturas caem muito, o organismo das tartarugas fica prejudicado, deixando-as mais vulneráveis e suscetíveis a doenças. Para evitar que isso ocorra, é importante que você tenha um terrário para o seu bichinho. Esse terrário precisa de alguns itens como substrato ou tapete para répteis, lâmpada UVB e de aquecimento, nebulizador ou gotejador para manter a umidade, termômetro e higrômetro para verificar as condições de temperatura e umidade.

Porquinho da Índia

Os porquinhos da índia são muito fofos e simpáticos. Porém, você pode assustá-los, caso tente pegá-los por cima da gaiola. Como seus principais predadores na natureza são pássaros, eles podem se sentir ameaçados.